AF309853

EXPOSÉ

DE LA

SITUATION DE L'EMPIRE FRANÇAIS.

EXTRAIT DES REGISTRES

DE LA

SECRÉTAIRERIE D'ÉTAT.

Au Palais des Tuileries, le 5 Mars 1806.

NAPOLÉON, EMPEREUR DES FRANÇAIS, ROI D'ITALIE, nous avons nommé et nommons MM. CHAMPAGNY, Ministre de l'intérieur, BIGOT-PRÉAMENEU et CRETET, Conseillers d'état, pour se rendre au Corps législatif aujourd'hui 5 Mars, et y rendre compte de la situation de l'Empire.

Signé NAPOLÉON.

Par l'Empereur :

Le Secrétaire d'état, *signé* HUGUES B. MARET.

EXPOSÉ

DE LA

SITUATION DE L'EMPIRE.

Paris, le 5 Mars 1806.

Messieurs les Députés des départemens au Corps législatif ;

Je suis chargé par sa Majesté l'Empereur de vous rendre compte de la situation de l'Empire pendant l'année qui vient de s'écouler.

Ses destinées venaient d'être fixées sur une base immuable ; une cérémonie dont le souvenir formera une époque dans nos annales, avait élevé le Chef de l'État et son auguste Famille à la dignité que demandaient et les vœux et les besoins de la France, lorsque l'année dernière vous vous réunîtes dans cette enceinte que vint consacrer sa présence. Ce fut au milieu de vous que brillèrent les premiers rayons de cet éclat immortel dont l'ont environné les hommages du peuple et les bénédictions du ciel, augure heureux pour les travaux auxquels vous alliez vous livrer : aussi vos opérations ont-elles répondu à son attente,

A

car toutes ont été utiles. L'amour du bien public, l'inspiration du génie, ont guidé tous vos pas ; et l'unité établie dans l'Empire et si solennellement proclamée, a semblé mettre plus d'harmonie encore dans vos sentimens et dans vos délibérations.

L'Empereur, à son tour, vous avait annoncé qu'il envisageait une grande dette dans ses nouveaux honneurs : tous ses instans ont été consacrés à l'acquitter. Vous savez s'il a rempli ses promesses, et à quel point il a surpassé votre attente ; vous savez de quels événemens, peut-être direz-vous de quels prodiges, une année à peine écoulée a été remplie : je les rappellerai sans prétendre les raconter ni en décrire les immenses résultats. L'Europe encore immobile d'étonnement et de crainte, la France transportée d'admiration et d'amour, me dispensent de dire ce que j'essaierais vainement d'exprimer.

A peine vos travaux étaient terminés, lorsque l'Empereur entreprit de visiter une partie de la France. Si par-tout il a été salué par les témoignages les plus vifs et les plus unanimes des affections publiques ; si les habitans des villes et des campagnes sont accourus au-devant de lui, en lui offrant l'hommage de leur reconnaissance et de leur amour, il n'a pas éprouvé une jouissance moins chère à son cœur, en voyant de ses propres yeux les heureux résultats d'une administration constamment animée, depuis six ans, par la plus généreuse sollicitude pour le bien des peuples et la restauration de l'ordre public. Il a vu les traces de nos malheurs effacées et leurs souvenirs même presque éteints ; les lois respectées ; les magistrats livrés avec zèle à leurs devoirs ; les mœurs épurées ; les idées religieuses en honneur ; l'urbanité française rendue à son ancienne délicatesse. Si quelques améliorations restaient encore à opérer, ce n'étaient plus ces réparations qui succèdent à de grands désastres, c'étaient ces perfectionnemens qui appartiennent à un temps de calme et de prospérité. Cependant l'Empereur a voulu les connaître, les accomplir. Il a appelé à lui tous ceux qui, par leurs fonctions ou leurs lumières, pouvaient seconder ses vues; admis tous ceux qui avaient des grâces à solliciter; accueilli les demandes; écouté, provoqué les observations; récompensé les services; vu lui-même les moindres détails; et par-tout il a laissé, dans des mesures d'une haute sagesse, des monumens durables de son passage.

Troyes reçoit ses premiers regards, et obtient ses premiers bienfaits; ces bienfaits lui promettent une existence digne de son ancienne célébrité. Le projet d'une navigation de la Seine se faisant par les mêmes bateaux, de Paris à Châtillon, non loin de sa source, est conçu; les détails en sont arrêtés. L'amélioration de celle de la Saone est projetée; les villes qu'elle baigne reçoivent des embellissemens; les quais de Châlons, Tournus, Mâcon, doivent être restaurés et agrandis. Mâcon verra s'élever dans ses murs une cathédrale plus belle que celle dont elle regrette la destruction; l'Empereur contribue à cette construction, d'une somme considérable, prise sur ses propres revenus. La Seille rendue navigable sera un nouveau bienfait pour le département de Saone-et-Loire; le département de l'Ain se réveille à la vue de son Souverain, qui vivifie tout, et qui s'occupe avec intérêt d'accroître son industrie, et de corriger l'insalubrité d'une partie de son territoire.

Lyon, déjà comblée des bienfaits de celui qui releva ses édifices et repeupla ses ateliers, croit n'avoir plus de vœux à former, et n'éprouve que le besoin d'entourer de ses justes transports le libérateur qu'elle chérit. Mais la sollicitude de l'Empereur pour cette capitale de l'industrie française n'est point épuisée; et lorsqu'on ne l'entretient que de reconnaissance, son regard découvre encore les moyens d'accélérer les progrès d'une prospérité toujours croissante depuis son règne: les parties méridionales de la ville seront assainies; le Rhône sera contenu dans ses rives, et rapproché de la ville qu'il semble vouloir abandonner; de sages réglemens fixent la fidélité dans les ateliers, et garantissent la confiance du consommateur étranger, sans gêner la liberté de l'industrie; des récompenses décernées par l'Empereur lui-même redoublent l'émulation des ouvriers; une école de dessin assurera le perfectionnement de l'art. Lyon, communiquant avec la mer par le midi, bientôt avec le Rhin par le canal Napoléon, avec l'Océan et la Manche par la Saone, la Loire et la Seine, débouché de la Suisse et du Piémont, jouira d'un entrepôt qui, développant le bienfait d'une situation si heureuse, achevera de la rendre le centre d'un vaste commerce.

L'ancienne Savoie, long-temps opprimée par la politique de ses souverains, heureuse d'être réunie par ses lois à une patrie à laquelle elle appartint toujours par ses mœurs, offre à l'Empereur des cœurs fidèles et déjà éprouvés. Tout est en mouvement dans ses vallées jadis presque inaccessibles, bientôt ouvertes aux communications les plus fécondes. Mais les grandes opérations dont elle est le théâtre, ne laissent point négliger ses moindres intérêts. Le château de Chambéry renaît de ses cendres; des édifices abandonnés sont rendus à l'utilité publique; des asyles sont ouverts à l'indigence; des points de repos sont assurés aux voyageurs; le germe de l'industrie est semé sur un sol auquel il paraissait étranger.

L'Empereur franchit les Alpes par cette route que son génie a conçue, et que sa puissance exécute. Ici une nouvelle scène s'offre à ses regards. Le Piémont conserve encore quelques vestiges d'une révolution moins terrible, mais plus récente que la nôtre. Il semble n'être point entièrement Français, ni par les sentimens qui le dominent, ni par les avantages dont il jouit. L'Empereur qui, deux fois, avait paru autour des murs de

Turin , à la tête d'une armée victorieuse , et n'y était point entré par respect pour l'infortune ou la faiblesse, y entre pour la première fois. Il s'y montre comme le père de ses nouveaux enfans, sans soldats, sans gardes, accompagné seulement des bienfaits qu'il apporte , plus grand et plus puissant de cette noble sécurité. Les affections auxquelles il s'est confié éclatent de toutes parts. Le peuple piémontais s'est montré digne de la confiance dont il l'honore : les hommages publics viennent former son cortége ; les grands propriétaires restés à l'écart se pressent autour de lui, les administrations incertaines ; s'éclairant de son génie, suivent une marche plus ferme et plus régulière; les abus sont réformés , le commerce languissant se ranime , de nouveaux débouchés lui sont promis ; les incertitudes sont fixées , les opinions sont réconciliées ; ceux qui , dans des temps difficiles, se dévouèrent aux intérêts de la France , sont assurés que la France fidèle n'oubliera jamais leurs services ; ceux qui , engagés par les bienfaits de leurs anciens maîtres, ont cru que le malheur ajoutait aux devoirs de la reconnais-sance, apprennent que leur nouveau Souverain est trop géné-reux pour conserver d'autre souvenir que celui du dévouement dont ils se montrèrent capables. Les services sont récompensés; quelle qu'en soit la date, et la nouvelle patrie acquitte les dettes de l'ancienne. Les familles principales admises autour du trône impérial , répandent autour d'elles l'éclat des honneurs qu'elles ont reçus; les grands propriétaires, sans espérer le retour d'aucun privilége, n'ont plus d'exclusion à craindre ; chaque chose re-prend la place que lui marquaient la sagesse et la justice. Le Piémont, conquis autrefois par les armes , est maintenant natu-ralisé par les bienfaits.

Tous les points du Piémont verront dater de cette époque des institutions précieuses; mais trois villes sur-tout ont dû fixer l'attention de l'Empereur, Turin, Casal, Alexandrie : Turin, jadis résidence d'une cour ; Casal, ancienne capitale du Mont-Ferrat, depuis long-temps naturalisée par les souvenirs, les affections et les mœurs ; Alexandrie, autour de laquelle, dans toutes les guerres, roulèrent comme sur leur pivot les grandes opérations militaires.

Turin, veuve de ses rois, est consolée par une auguste promesse : un frère de l'Empereur gouvernera cette belle contrée ; et son caractère connu garantit le bonheur dont il la fera jouir : il résidera à Turin. Une cour aimable et brillante rendra à cette ville bien plus qu'elle n'a perdu ; son magnifique palais deviendra le séjour de la bonté et des grâces. Jadis triste forteresse environnée d'ennemis, maintenant ouverte à la France et à l'Italie, dont elle semble être le lien, elle ne sera entourée que de peuples amis ; et le commerce et les arts, empressés de s'y rendre, lui prodigueront leurs bienfaits.

Casal, oubliée jusqu'à ce jour, mais toute dévouée au chef de l'Empire, n'a fait entendre que ses acclamations, et pas une plainte : l'Empereur a prévenu tous ses vœux ; un lycée, un évêché, des tribunaux, rendent la vie à cette belle cité ; des concessions l'enrichissent. Ces bienfaits donneront un développement rapide aux avantages qu'elle tenait de son heureuse situation, d'un climat favorable, et de tous les dons de la nature.

Alexandrie, fière de recevoir dans ses murs les mêmes braves dont elle vit la victoire, et dont elle fut la conquête, célèbre leur arrivée comme une fête triomphale. Ils sont assemblés dans ses murs !... Le vainqueur de Marengo est entouré des compagnons de sa gloire dans cette plaine qui en fut l'illustre théâtre : le prix de la valeur est distribué par les mêmes mains qui en dirigèrent les exploits ; un monument est consacré aux manes de ceux qui s'immolèrent pour la patrie ; les peuples de l'Italie, accourus à ce spectacle, célèbrent avec les soldats français l'anniversaire d'un jour qui fixa leurs destinées en assurant celles de la France.

En de tels lieux, les Français seront toujours sûrs de vaincre ; là sera établi le boulevart de l'Empire ; là s'élevera la première place forte de l'Europe : les fleuves se détournent pour en protéger l'enceinte ; les combinaisons les plus profondes de l'art dirigent des travaux immenses, où déjà plus de douze millions ont été dépensés : l'Empereur en a tracé le plan, suivi tous les détails. Il rend Alexandrie le siége de tous les grands établissemens militaires : mais en lui assignant une si haute importance dans la guerre, il veut la faire jouir de tous les bienfaits de la paix ; il rétablit son administration intérieure ; il lui crée un commerce d'entrepôt et de transit que lui destinaient les rivières qui la baignent et les communications dont elle est le centre ; ses campagnes, jadis dévastées par des brigands, sont délivrées du fléau qui les désolait depuis plusieurs siècles.

Les bénédictions qui accompagnent l'Empereur ont retenti dans toute la chaîne de l'Apennin. Gênes les a entendues ; elle s'est empressée de présenter à l'Empereur son hommage et ses vœux : ses vœux sont d'être française ; elle l'est à moitié par ses affections, par ses habitudes ; l'intérêt de sa propre existence lui commande de l'être entièrement. Resserrée entre la mer, qui la nourrissait autrefois, et dont nos ennemis qui sont les siens ont fermé les passages, et ces montagnes dont nos lois sagement prohibitives font une barrière pour elle, Gênes, manquant de tout, sans forces, sans lois, presque sans gouvernement, sollicite l'honneur d'une adoption qui la réunisse à un grand peuple, et la fasse entrer en partage des biens dont il jouit, et du premier de tous, son gouvernement. Ce vœu a été

(8)

accompli; il était celui de toutes les classes des citoyens, et pour toutes la réunion a été un bienfait. L'Empereur l'a consacrée par sa présence; il a été accueilli avec les transports que fait naître un libérateur. Gènes française reçoit les denrées du Piémont, fournit à la France les produits de son industrie, vit et s'enrichit par elle, et lui promet à son tour un accroissement de force maritime et de richesse commerciale. Plusieurs de ses citoyens déjà connus de l'Empereur, reçoivent de lui des distinctions flatteuses; les lois françaises y sont introduites sans blesser aucun des intérêts qui l'avaient fait fleurir autrefois. Ses finances sont améliorées; la dette publique est consolidée; son territoire est agrandi; il est partagé en départemens, et le département le plus près de la France reçoit un nom qui rappelle un des premiers succès du héros de la France, une des premières couronnes dont la victoire orna ce front depuis si chargé de lauriers. La terre où ce premier laurier, présage de tant d'immortels succès, fut cueilli, avait bien mérité d'être Française...... Le bienfait de cette organisation est assuré à Gènes par le choix d'un grand dignitaire nommé pour l'établir.

Parme et Plaisance, long-temps incertaines de leurs destinées, encore soumises à des institutions gothiques, ont aussi possédé le Chef de l'Empire; et de son passage datent pour elles un code de lois, un système d'administration assorti aux lumières du siècle. Si de fausses alarmes ont jeté un instant le trouble dans quelques vallées de ces États, des mesures promptes et sans violence ont bientôt ramené l'ordre parmi des pâtres égarés, incapables d'indiquer eux-mêmes le motif d'une agitation presque puérile, et qui a cessé du moment où l'on s'en est sérieusement occupé.

Cependant l'Italie a changé de face, et l'antique royaume des Lombards s'est relevé à la voix de Napoléon. L'Italie, se

reposant

(9)

reposant, à l'ombre de la monarchie, de ses longues agitations, n'a plus rien à envier à la France : le même souffle la ranime, la même puissance la protége, le même esprit fonde ses institutions nouvelles en les accommodant à sa situation et à ses mœurs.

Milan a salué du nom de son roi celui qu'elle avait appelé son libérateur. Mantoue reçoit avec transport celui qui fut sous ses murs le vainqueur de cinq armées envoyées successivement pour la défendre. Rassemblés à Castiglione, les soldats français se rappellent les succès de l'armée d'Italie..... Dans quelque partie de l'Europe que les conduise le génie qui les mena tant de fois à la victoire, ils se promettent encore de plus brillans succès. L'Italie s'enorgueillit de recevoir des lois d'un nouveau Charlemagne, et croit voir renaître, avec son antique gloire, toute la prospérité que lui assurent son sol et son climat.

Un prince nourri de ses leçons, adopté d'avance par ses affections comme il l'a été ensuite par ses décrets, continue son œuvre en se formant sur ce modèle : l'Italie s'attache avec enthousiasme à ses pas ; déployant un nouveau caractère, elle espère prouver que sa longue faiblesse fut le vice de ses institutions, et non le tort de ses habitans.

La France, qui recueille avec avidité le détail de ces grandes créations, suppose encore l'Empereur occupé à les accomplir, lorsque déjà il est à la porte de la capitale, se faisant rendre compte de la situation intérieure de l'Empire. Peu de jours après, l'Angleterre étonnée entend retentir la côte de Boulogne du canon qui annonce sa présence. C'est-là, au milieu de l'élite de l'armée, dans les derniers soins de ses grands préparatifs, qu'il vient goûter le repos. Ses longues combinaisons touchent à leur terme. L'armée, impatiente, croit atteindre le moment qui récompensera ses longs travaux ; mais l'Angleterre, trem-

B

blante, non plus pour sa gloire ou son commerce, mais pour sa propre existence, a préparé sur le continent une puissante diversion ; elle a lancé un cri de terreur : à ce cri, le continent s'est ébranlé ; ses guerriers ont pris les armes ; de toutes parts ils s'avancent contre la France, déjà ils menacent sa frontière. A cette agression inattendue, l'Empereur change ses plans de campagne ; l'Angleterre triomphe d'avoir versé sur le continent tous les maux qu'elle avait redoutés. Vain triomphe ! elle n'a pas tardé d'apprendre qu'elle n'avait fait que précipiter la ruine de ceux qu'elle regardait comme ses appuis, et creuser l'abîme qui doit l'engloutir.

Dans peu de jours, l'Empereur avait transporté son armée des bords de la Manche aux rives du Rhin ; il avait pris congé du sénat, de la nation ; il avait passé le Rhin ; il était à Ulm, à Vienne, à Austerlitz.

Je n'entreprendrai point de vous dire ces choses vraiment admirables, qui ne peuvent être dignement racontées que par celui qui les a faites ; ces choses que nous savons tous , que nous apprendrons à nos enfans au moment où ils commenceront à pouvoir nous entendre , que nos neveux se diront avec orgueil , et qui fondent à jamais la gloire de la nation , presque aussi élevée que son incomparable Chef. Ministre de l'Empereur , je trompe ses intentions en tenant ce langage ; mais je suis Français , heureux de l'être , et je ne puis parler froidement de celui qui fait la gloire et la prospérité de mon pays.

J'ai commencé ce précis de tant d'événemens, à l'époque du couronnement : vous savez combien glorieuse est revenue, au bout d'un an , cette mémorable époque, et comment cette couronne donnée par un grand peuple, a été raffermie par Dieu et par la victoire, sur une tête si digne de la porter.

Ce que vous savez moins, et ce qu'il m'appartient davantage

de vous dire, c'est qu'au milieu de ces immenses et pénibles travaux, lorsque l'EMPEREUR, livré aux hasards et aux combinaisons de la guerre, en éprouvait toutes les fatigues comme le simple soldat, exposé à toute l'intempérie d'une saison rigoureuse, n'ayant souvent pour lit qu'une botte de paille, et pour toit que ce ciel d'où semble émaner tout le feu de son génie ; alors même il tenait, à trois cents lieues de distance, tous les fils de l'administration de la France, en soignait les plus petits détails, s'occupait des intérêts de son peuple comme de ceux de ses soldats, voyait tout, savait tout; semblable à cette ame invisible qui gouverne le monde et que l'on ne connaît que par sa puissance et ses bienfaits. Vous en avez pour preuve les décrets nombreux datés d'Ulm, de Munich, de Vienne, d'Austerlitz.

L'intérieur était dégarni de troupes; Paris n'avait pas un soldat; et jamais l'ordre public n'a été plus exactement maintenu, jamais les lois n'ont été mieux observées. La France obéissait au nom de son SOUVERAIN, ou plutôt au sentiment d'amour et d'admiration qu'elle éprouve.

C'est ce sentiment qui hâte la marche de la conscription; triple ses résultats, et devance l'époque où le contingent devait être fourni; par lui est formé ce long rempart de soldats volontaires qui garnissent nos frontières, des bords de la Manche jusqu'aux montagnes des Alpes; armée nouvelle, presque spontanément formée, et qui annonce à l'Europe qu'à la voix de son Chef, la France entière peut devenir une grande armée. C'est ce même sentiment de dévouement et d'ardeur guerrière qui animait ces jeunes gens empressés de servir de garde d'honneur à l'EMPEREUR, et qui seuls dans toute la France pourraient regretter la rapidité de ces exploits auxquels ils n'ont pu prendre aucune part. La paix avait été conclue,

lorsque, dans quelques parties de la France, on savait à peine
que la guerre était commencée; guerre moins longue que ne
l'est votre session annuelle, et dont les suites doivent embrasser
et les siècles, et l'Europe, et les autres parties du monde.

Si le courage et le génie ont fait la guerre, la générosité et la
modération ont fait la paix. Un souverain, malheureux par la
guerre, a recouvré par la paix une grande partie de ses États;
ses pertes ne sont rien auprès du danger qu'a couru la monarchie
dont il est le chef. Des princes nos alliés ont vu étendre leur
puissance et ennoblir leurs titres. Les bienfaits de l'Empereur
environnent la France de peuples amis de son gouvernement. L'Italie, cette noble fille de la France, et qui promet
d'être digne d'elle, a recueilli les fruits de la guerre; mais sa
force fait la nôtre, sa richesse ajoute à notre prospérité; nos
ennemis sont repoussés de ses rivages; ils ne peuvent plus avoir
avec elle de relations commerciales. Cette riche proie est en-
levée à leur avidité : l'Italie est une conquête faite sur l'Angleterre; elle s'unit à l'Allemagne par le double lien du voisinage
et de l'amitié, et par cette alliance que son prince vient de
contracter avec la fille d'un des plus puissans souverains de
l'Empire germanique. C'est maintenant que la paix est assurée
aux paisibles habitans des montagnes du Tyrol; le commerce
viendra enrichir ses vallées désertes; sa conquête aura été un
bienfait pour lui.

L'Empereur, généreux envers ses ennemis, grand pour ses
alliés, n'a été ni moins grand ni moins généreux pour son
peuple et pour son armée. Jamais une plus belle moisson de tro-
phées n'avait été offerte aux regards des hommes; jamais nation
ne reçut un plus magnifique présent : l'enceinte où siége le Sénat
de l'Empire, la cathédrale de cette cité, l'hôtel-de-ville, sont
remplis et décorés des enseignes enlevées à l'ennemi, offertes

par la noble et délicate libéralité du conquérant ; récompense également honorable pour les compagnons de sa victoire, et pour son peuple, qui l'avait suivi de ses vœux, qui se préparait à le seconder de tous ses efforts.

L'armée a fait plusieurs campagnes en trois mois ; la France les a comptées par les succès ; l'EMPEREUR les compte pour les récompenses qu'il accorde ; les braves qui reviennent avec lui, reviennent avec de nouveaux honneurs ; ceux qui se sont dévoués pour la patrie lui ont légué les intérêts de leurs familles et le soin de leur mémoire : il y a satisfait ; mais la plus digne récompense du soldat français, c'est le regard de son EMPEREUR, c'est la gloire de l'Empire accrue par son courage ; ce sont les transports de la France entière qui l'accueillent à son retour. L'EMPEREUR veut qu'ils viennent les goûter sous ses yeux ; qu'une fête triomphale soit donnée par la capitale à l'armée, spectacle digne des grands événemens qu'il doit célébrer, où tout l'éclat des arts, où toute la pompe des cérémonies, où tous les signes de la gloire, où tous les accens de la joie publique viendront entourer la grande armée réunie auprès de son auguste Chef, et feront un brillant cortége à ces phalanges de héros.

Tels sont les principaux événemens de l'année qui vient de s'écouler. Je n'ai pu que les indiquer. Je vous dois de plus grands détails sur les dispositions législatives et sur les opérations administratives qui ont signalé cette brillante époque de notre histoire.

L'administration a eu beaucoup à se louer du patriotisme du clergé.

Les traitemens faits aux desservans des succursales ont été un objet de dépense notable, mais d'une importance majeure. Un grand nombre d'églises dégradées ont été réparées, et l'influence de la morale et de la religion se fait sentir. Dans ces circonstances, un attachement sincère de la part des évêques et des curés a été manifesté à l'Empereur , non par de belles paroles, mais par un zèle efficace et actif que sa Majesté a su apprécier.

La Cour de cassation a rempli sa tâche : elle maintient l'uniformité de la législation ; sa surveillance réprime les abus qui s'introduisent dans les tribunaux. Les nouveaux réglemens ont diminué d'un tiers les frais de justice ; et l'Empereur a mis à profit cette économie pour augmenter le traitement des juges, qui lui a paru trop disproportionné à l'importance de leurs fonctions.

Le Code judiciaire vous sera présenté. Différens corps qui ont adressé des réclamations ont été entendus. Ce ne sera pas un ouvrage parfait , mais meilleur que ce qui a existé jusqu'à présent.

Les crimes ont diminué.

La sûreté est telle, que depuis bien des années les tribunaux criminels n'ont eu si peu de crimes à punir.

Du centre de l'Italie, l'Empereur avait veillé sur la sûreté intérieure de la France, et sur les moyens de rendre invariable l'ordre qu'il y avait établi. Il avait institué les compagnies de réserve. Cette force, entièrement départementale, augmente les ressorts de l'administration, en même temps qu'elle ajoute à sa dignité ; elle veille autour des établissemens publics, et laisse à la gendarmerie la partie la plus active de son service, que ce corps estimable suit avec autant de succès que de zèle, la poursuite des brigands et des perturbateurs de l'ordre public : elle laisse disponibles les corps de l'armée ; forme la jeunesse au service militaire, et lui apprend que c'est en servant à maintenir l'ordre, l'obéissance aux lois et le respect des propriétés , que l'on devient digne de défendre l'État contre l'ennemi du dehors.

L'administration a suivi la marche qui lui avait été imprimée

pendant la paix : les travaux publics commencés ont été continués avec ardeur ; de nouvelles et grandes entreprises ont été
conçues, préparées, exécutées; et avec le fardeau d'une double
guerre contre l'Europe presque entière, quarante millions ont
encore été consacrés à cette branche importante du service
public.

Les Alpes et les Apennins, ces deux grandes barrières posées
par la nature, que le génie de la guerre avait seul franchies
jusqu'à ce jour, s'ouvrent aux efforts de l'art, et unissent l'Italie
et la France, le Piémont et la rivière de Gènes, par les liens du
commerce, comme ils seront unis désormais par les intérêts politiques. Sur les pentes et sur les sommets du Simplon et du Mont-
Cenis roulent facilement d'énormes voitures; prodige des arts
de la paix, presque aussi étonnant que les exploits de guerre
dont ces montagnes ont été le théâtre. Sur les rives du lac
Léman, au travers des précipices de la Maurienne, des chemins
escarpés sont aplanis ; bientôt une seule pente adroitement
ménagée conduira le voyageur tranquille, du Pont-de-Beauvoisin
au pied du Mont-Cenis. Le Mont-Genèvre offrira à l'Espagne
une communication plus abrégée avec l'Italie. Les rochers qui
bornent la Méditerranée, de Toulon à Gènes, témoins des
héroïques exploits de nos armées, pour lesquelles seules ils ont
paru accessibles, cessant d'être le théâtre de la guerre, et aplanis par d'immenses travaux, leur offriront désormais un passage
plus facile et plus sûr vers des contrées lointaines.

Le produit de la taxe d'entretien des routes, s'élevant à quinze
millions, a été abandonné à chaque département, et réparti sur
les routes des 1.re, 2.e et 3.e classes. Le trésor public y a joint
de cinq à six millions; la totalité de ces fonds a été employée en
réparation des routes des deux premières classes. Plusieurs communications nouvelles, desirées par les administrés, ont fixé

l'attention du Gouvernement : celle de Valogne à la Hougue est achevée ; celle de Caen à Honfleur se termine ; celle d'Ajaccio à Bastia est à moitié ; celle d'Alexandrie à Savone est tracée ; celles de Paris à Mayence par Hombourg, d'Aix-la-Chapelle à Mont-Joye, sont ordonnées. Le zèle des départemens a concouru sur plusieurs points avec les efforts de l'administration ; une louable émulation anime un grand nombre de communes, pour la res-tauration des chemins vicinaux ; et on doit espérer que cet exemple, ouvrant les yeux aux habitans des campagnes sur leurs premiers intérêts, se propagera chaque jour.

Des ponts se rétablissent sur le Rhin à Kehl et à Brisack, sur la Meuse à Givet, sur le Cher à Tours, sur la Loire à Nevers et à Roanne, sur la Saone à Auxonne, sur le Rhône à Avignon ; celui de Nemours est achevé ; enfin ces deux indomp-tables torrens, la Durance, qui n'avait pas encore été mise soûs le joug, l'Isère, qui avait brisé celui qu'on lui avait imposé, seront asservis à passer sous des ponts déjà avancés, que la campagne prochaine verra finir ; ouvrage énorme par ses difficultés, que l'on n'avait osé entreprendre, ou qu'on avait entrepris sans succès.

Les rivages des mêmes fleuves, ceux de la Seine, de l'Aube, de la Moselle, de la Seille, du Tarn, ont été le théâtre d'un vaste système de travaux qui les bordent de chemins de halage, rendent leur cours plus libre, et protégent les champs qui les avoisinent.

Des savans distingués, appelés sur les bords du Pô, en ont parcouru toute l'étendue, visité, la sonde à la main, tous les passages. Délivré des nombreux obstacles qui entravaient son cours, soumis à une police plus sage, le Pô conduira du pied des Alpes à Venise, nos marchandises et nos soldats. Une

législation

législation bienfaisante encourage ce commerce qu'embarras-
saient et les mesures fiscales des anciens princes, et la rivalité
des États. L'EMPEREUR l'a prononcé ; *le Pô est libre.*

Six grands canaux sont en exécution. Celui de Saint-Quen-
tin, auquel plus de cinq millions ont déjà été employés, peut
être fini dans le courant de l'année prochaine, à l'aide des
moyens que vous serez appelés à fournir. Les souterrains se
prolongent; il ne reste plus que deux écluses à fonder, sur vingt-
quatre : huit cent mille francs ont été consacrés au canal
NAPOLÉON, qui doit joindre le Rhin au Rhône. La portion
du canal de Bourgogne qui s'étend de Dijon à Saint-Jean-de-
Losne, compte onze écluses sur vingt-deux. Les canaux du
Blavet, de l'Ille et Rance, qui établissent au sein de la Bretagne
des communications intérieures entre le golfe de Gascogne et la
Manche, sont déjà conduits, le premier au tiers, le second au
huitième de leurs travaux. Celui d'Arles, qui doit donner au
Rhône une issue navigable vers la mer, est au quart. Les canaux d'embranchement qui accroissent la fertilité naturelle de
la Belgique, ont été réparés, continués, multipliés.

Quelques autres canaux non moins importans sont commencés, ou du moins tracés, et seront entrepris dès cette campagne : tels sont, celui de Saint-Valery, qui perfectionnera la
navigation de la Somme à la mer; celui de Beaucaire à Aigues-
Mortes, qui abrégera la communication de ce grand rendez-
vous commercial avec la Méditerranée; celui de Sédan, qui unira
la haute à la basse Meuse ; mais sur-tout ceux de Niort à la
Rochelle, et de Nantes à Brest : le premier a ranimé déjà
toutes ces contrées, auxquelles il promet une nouvelle existence; le second, touchant à la Loire et à la Vilaine, débou-
chera par quatre points sur la mer, et portera de tous côtés,

C

dans les départemens de l'Ouest, les productions du commerce et les approvisionnemens de la marine.

Plusieurs autres enfin sont projetés, comme celui de la Censée, destiné à unir l'Escaut à la Scarpe; celui de Charleroy à Bruxelles, qui unira la Sambre à l'Escaut; celui d'Ypres, qui abrégera la communication de Lille à la mer; ceux qui se développeront le long de la Haisne, de la Vesle et de l'Aisne; et enfin le canal latéral de la Loire, allant de Digoin à Briare, et rendant facile et praticable en tout temps la navigation de la plus belle et de la plus capricieuse de nos rivières.

L'histoire a conservé les noms des princes qui, dans l'antiquité, ont illustré leurs règnes par de semblables travaux; les États les plus florissans leur doivent leur prospérité intérieure. Quel avenir ne promet pas à l'activité de l'industrie française, une sollicitude qui les étend et les multiplie ainsi, au milieu de tant d'autres soins, sur toutes les parties de l'Empire!

Si vous jetez les regards sur nos ports, vous verrez qu'on s'occupe, sur les deux mers, à les rendre plus accessibles, plus commodes et plus sûrs : à Anvers on creuse des bassins; à Dieppe, à Ostende, à Dunkerque, au Havre, on construit des écluses de chasse et des canaux d'écoulement; à Honfleur, Bordeaux, Nice, Halinguen, Belle-Ile, Ajaccio, Bastia, des quais sont relevés, des jetées ou des moles prolongés ou reconstruits. La Rochelle réunit à-la-fois tous ces travaux. Le curage des ports de Cette et de Marseille se continue; on agrandit celui d'Oléron. Les ports de Dielette et Casteret sont préparés de manière à recevoir un grand nombre de bateaux et chaloupes canonnières qui inquiéteront les habitans des îles anglaises de Jersey et de Guernesey, comme celles de Boulogne menacent Douvres et Londres.

Les sondes faites à Bouc ont offert un résultat satisfaisant;

le Rhône aura un port. Des hommes de l'art ont examiné les développemens qu'il est possible de donner à celui de Gènes.

Six millions huit cent cinquante mille francs ont été dépensés pour les ports militaires. Leur emploi a eu pour objet principal, à Cherbourg, l'exhaussement des digues, l'enrochement des talus, les jetées du mole, la construction de l'avant-port et du bassin, la fondation du nouveau port BONAPARTE, qui, destiné à compléter cette belle création maritime et digne de son nom, sera sur la Manche la terreur de l'Angleterre; à Boulogne, le bassin et son écluse, l'achèvement des ouvrages qui constituent l'ensemble du port et la construction des établissemens qui l'entourent; à Ambleteuse, les travaux nécessaires pour approfondir le port, l'élévation de la jetée qui le garantit des sables poussés par les vents de l'ouest, les talus et les bâtimens; à Brest, la formation d'une île artificielle, les excavations dans le rocher, les hôpitaux, les magasins, l'arsenal, les casernes, et l'achèvement des batteries; à Anvers, la continuation des rapides travaux qui doivent en faire l'arsenal de notre marine sur la mer du Nord, les cales de construction, l'élévation des quais, les hangars et les ateliers; dans la rade de Rochefort, les jetées qui doivent servir de bases au fort *Boyard*, et les opérations de tout genre que nécessite cette difficile construction.

Onze autres points ont eu constamment des travaux en activité : Ostende, pour l'achèvement des batteries et la formation d'un hôpital de marine; Dunkerque, pour les évasemens et les restaurations; Étaples, pour l'établissement d'un magasin à poudre; le Havre, pour l'entretien de ses établissemens; Lorient, pour la construction d'une salle d'armes et la réparation de ses bâtimens; Rochefort, pour celle des quais, la clôture de l'arsenal, &c.; Toulon, enfin, pour la construction du magasin général incendié , du hangar de la grande mâture , pour les soins employés à relever quatre des vaisseaux qui l'obstruaient. Ce port, un des plus beaux ouvrages de l'art et de la nature, consolé de ses désastres , n'en conservera bientôt plus aucun vestige ; la même main qui l'arracha à l'ennemi lui aura rendu toute sa prospérité.

L'établissement de cent vingt-cinq ponts à bascule, dont cent déja rendus à leur destination , lié à l'exécution des lois des 29 floréal an 10 et 25 ventôse an 12 , garantiront les routes des dégradations commises par l'imprudence des voituriers , en les forçant de proportionner la largeur des roues à la charge de leurs voitures.

Trois lignes télégraphiques se dirigent sur Brest, Bruxelles, Strasbourg, des embranchemens sur Boulogne et le cap Grinez; une quatrième s'étendra , d'ici à six mois, à Milan par Lyon et Turin.

L'organisation des ponts-et-chaussées , établie sur un plan plus vaste et plus régulier, arrêtée en l'an 12 et exécutée en l'an 13 , assure des retraites à la vieillesse , des récompenses aux services, de l'avancement au mérite, et des encouragemens à tous les ingénieurs , et met sur toute l'étendue de la France, ancienne et nouvelle, la composition de ce corps en proportion avec le système des travaux publics.

Deux nouvelles cités s'élèvent au sein d'une contrée désolée jadis par les guerres civiles, et trop long-temps étrangère à notre commerce, à nos arts comme à nos mœurs. Toute sa population se portait aux côtes; son intérieur va se ranimer. Dans le Morbihan, *Napoléonville* se développe sur les plans arrêtés cette année : elle est déjà avancée; des bâtimens militaires, des édifices civils s'y construisent; le local du lycée est prêt à recevoir cent cinquante élèves; placée au sein des nouveaux canaux de la ci-devant Bretagne, *Napoléonville* sera ; dans la paix, le siége d'un grand commerce, dans la guerre un centre militaire imposant, un entrepôt pour l'approvisionnement de notre marine. La Vendée applaudit à la naissance de sa nouvelle capitale. La ville de Napoléon a vu poser les bases de tous les grands établissemens qui conviennent à sa destinée, et qui peuvent vivifier le département dont elle est le centre; sortant d'une forêt jadis déserte, elle appellera par les routes qui viennent se croiser dans ses murs, le mouvement du commerce; elle verra son heureuse situation recherchée par une population fidèle et dévouée au Prince qui lui a rendu son culte, la tranquillité et l'abondance. L'Empereur a permis que son nom fût imprimé à ces deux magnifiques ouvrages, comme sur deux médailles impérissables; elles rappelleront de grands malheurs complétement réparés.

Je n'ai fait, Messieurs, que retracer à chacun de vous ce qu'il a vu dans les départemens qu'il vient de quitter.

Vos regards, à votre retour dans la capitale, ont été frappés de la trouver plus embellie dans le cours d'une année de guerre, qu'elle ne le fut jadis en un demi siècle de paix. De nouveaux quais se prolongent sur les rives de la Seine; deux ponts avaient été exécutés les années précédentes; le troisième, le plus important de tous par son étendue, sa construction et l'utilité de la communication qu'il établit, est sur le point de s'achever; il sert déjà au passage des hommes à pied et des chevaux. Dans son voisinage est tracé un nouveau quartier destiné à en compléter la décoration. Les rues de ce quartier portent les noms des guerriers qui ont trouvé une mort honorable dans le cours de la campagne; digne récompense décernée par l'Empereur à leur mémoire, à leur famille, à l'armée ! Le pont lui-même prend le nom d'Austerlitz. Ainsi, la Seine, en entrant à Paris, rencontrera d'abord un monument de la gloire de nos guerriers, comme, en sortant, elle embellit la magnifique retraite destinée à leurs vieux jours, et les promenades où ils viennent s'entretenir de leurs faits d'armes, et de celui dont le génie prépara leur gloire. On projette de débarrasser le cours de cette rivière des entraves de tout genre qui en flétrissent l'aspect, et en rendent, dans son passage à Paris, la navigation presque impraticable.

En s'éloignant de ses bords, un arc de triomphe placé à l'entrée des boulevarts, deviendra un nouveau monument de ces événemens, dont le souvenir doit être plus durable que tout ce que nous pourrons faire pour le perpétuer. Qu'au moins ces ouvrages attestent à la postérité que nous avons été aussi justes qu'elle le sera, et que notre reconnaissance a égalé notre admiration !

De l'autre côté de cet arc de triomphe, le boulevart sera prolongé jusqu'à la Seine, servant de quai à une vaste gare alimentée par les eaux de l'Ourcq; dernier service que rendra cette rivière destinée à-la-fois à donner à Paris une abondante provision d'eau excellente, à l'embellir par son cours et par ses fontaines, à entretenir dans ses rues une propreté inconnue, et à l'approvisionner par un canal qui, remontant jusqu'à l'Oise, apportera dans tous les temps les denrées que la Marne et l'Oise ne transportent que pendant quelques mois de l'année.

Les Capucines, la Madeleine, vont changer de face; le Louvre s'achève avec rapidité, et les travaux de François I.er et de Louis XIV touchent à leur fin : ces Rois n'avaient fait que la moitié de ce bel ouvrage. Le Panthéon, prêt à être terminé, rendu à une destination religieuse, s'ouvrant pour recevoir les mausolées que le malheur des temps déplaça, acquiert aussi un grand et nouveau caractère, et deviendra, envers les premiers magistrats de l'Empire, envers ceux qui auront rendu des services éclatans à l'État, le témoin de la reconnaissance du Souverain et des hommages de la postérité. Saint-Denis, déjà réparé et mis à l'abri des intempéries des saisons, va retrouver ses tombeaux, et s'ouvrir de nouveau aux plus augustes funérailles.

Depuis son retour, l'Empereur a consacré tous ses jours, et je dirai presque toutes ses nuits, à revoir dans le plus grand détail toutes les branches de l'administration : il n'y en a aucune qui n'ait été l'objet de plusieurs conseils extraordinaires auxquels ont été appelés tous ceux qui la dirigent ; il a imprimé à toutes un mouvement plus rapide en les ramenant de plus en plus vers le but qu'elles doivent atteindre. Ce qu'elles ont été, ce quelles sont, ce qu'elles peuvent devenir, a été examiné, conçu, exécuté. Vous serez, Messieurs, appelés à sanctionner le résultat de ces profondes délibérations. Les infatigables soins donnés à ces travaux de cabinet ne sont peut-être pas moins étonnans que ces prodigieux travaux de la guerre auxquels ils succèdent et avec lesquels ils forment un si admirable contraste.

La comptabilité de la ville de Paris a été éclairée par un examen auquel l'Empereur a voulu présider lui-même, et qui promet à la capitale de nouvelles ressources, de précieuses économies, et avec elles les moyens de multiplier les entreprises utiles à sa prospérité et à sa splendeur.

Les hospices de cette capitale ont continué d'être régis par une administration qui économise les fonds en multipliant les secours, et qui, en faisant le bien du moment, le prépare pour l'avenir par des réparations solides et d'utiles constructions ; ils ont acquis une nouvelle ressource par le bénéfice résultant du privilége exclusif donné au mont-de-piété, dont tous les produits leur sont accordés. Le pauvre est garanti d'une usure dévorante ; et la modique rétribution qui lui est demandée, est toute entière consacrée au soulagement de ses maux ou de son indigence.

Des boîtes de médicamens envoyées dans toute la France , pour l'usage des pauvres , sont encore une institution de cette année , qui , comme tout ce qui est utile , sera continuée les années suivantes.

La comptabilité de tous les hospices de l'Empire a été régularisée et soumise à une forme plus lumineuse et plus simple. Pendant qu'une sage économie préside à l'emploi de leurs revenus , la masse en a été de nouveau accrue par l'émulation de la bienfaisance privée. Les legs et donations qui s'étaient élevés , pendant les quatre années du gouvernement consulaire , à 3,300,000 fr., pendant le cours de l'an 12 , à 2,200,000 fr., ont atteint 4,500,000 francs pendant le courant de l'an 13 et les cent premiers jours de l'an 14 , sans compter un grand nombre de valeurs qui ne sont point encore suffisamment appréciées : progression frappante , qui atteste , avec le développement de la confiance publique , celui des nobles sentimens de l'humanité. La mendicité a été affaiblie ou éteinte dans quelques départemens ; les dépôts placés dans quelques villes centrales , offriront des remèdes plus efficaces encore pour la détruire.

L'état des prisons s'améliore. Encombrées un instant par les prisonniers de guerre , dont le nombre excédait les ressources , dont l'arrivée était presque inattendue , dont la situation était déplorable; elles ont vu naître , sur quelques points , des maladies qui en étaient la suite presque inévitable : mais de prompts secours ont été apportés ; des médecins ont été envoyés par le Gouvernement ; des mesures ont été prises ; la bienfaisance individuelle les a vivement secondées ; quelques êtres généreux, victimes de leur zèle , ou succombant sous le poids de l'âge , qui rend toutes les maladies plus dangereuses , ont laisé d'honorables regrets en donnant de sublimes exemples ; mais la population

de

de nos cités a été exempte de la contagion, qui, dans ce moment, est à-peu-près dissipée, même à sa source. Le fléau qui
a désolé l'Espagne pendant deux ans, a excité toute l'attention
du Gouvernement, quoiqu'il reste aux yeux des hommes éclairés
beaucoup de doutes sur le caractère contagieux dont on le suppose accompagné. Avant le retour de l'époque à laquelle il a
continué de se réveiller, une commission médicale était sur les
lieux, pour examiner sa naissance, la manière dont il se
propage, rechercher, soit les remèdes qui le combattent, soit
les précautions qui peuvent le prévenir. Des dispositions seront
faites, si nos voisins devaient encore en être affligés, pour le
tenir, dans tous les cas, éloigné des frontières de cet Empire.

Le calendrier a changé. L'inutile régularité de celui que la
révolution avait vu naître, et dont le but n'avait pas été atteint,
a été sacrifiée aux besoins des relations commerciales et politiques,
qui appellent un langage commun. Trop de variétés encore séparent les peuples de cette belle Europe, qui ne devraient faire
qu'une grande famille.

Une autre institution de la révolution, dont l'utilité est vivement sentie par ceux même qui ont plus de peine à l'adopter,
celle des poids et mesures, belle production de la science dont
elle annonce l'empire sur un peuple éclairé, cette institution,
dis-je, sera maintenue avec constance, et le Gouvernement s'oc-
cupera de plus en plus de généraliser l'usage des nouvelles
mesures : il opposera aux habitudes et aux préjugés, cette invariable fermeté d'une volonté sage et éclairée, et non ces efforts
violens, mais de courte durée, de l'esprit d'innovation. Aidé du
temps, il triomphera de tous les obstacles; il ne cessera d'agir que
lorsqu'il aura vaincu.

Pendant que le Gouvernement prévenait ou réparait les maux,
conservait les institutions utiles, relevait ou multipliait les

D

monumens publics destinés à attester la prospérité de l'État , il ne négligeait pas de féconder les sources premières qui l'alimentent.

L'agriculture, la plus importante de toutes, a reçu de précieux encouragemens. Les desséchemens des marais de Rochefort, du Cotentin, les travaux des polders de la Belgique , ont été ou commencés ou continués avec un redoublement d'efforts. Des dispositions ont été faites qui préparent les desséchemens des marais de Bourgoing et de Dol. Les plantations se multiplient; elles sont commencées dans les dunes du Pas-de-Calais; on exécute la loi que vous avez rendue l'année dernière sur la plantation des routes. Des pépinières seront placées dans les départemens; une instruction déjà préparée réglera la police et assurera la conservation des unes et des autres. Trois nouvelles bergeries nationales de brebis espagnoles ont été formées cette année au midi, à l'est et à l'ouest de l'Empire , et seconderont la propagation d'une race précieuse et l'amélioration croissante de nos laines. Le vaste établissement de la Mandria, au pied des Alpes, a été consolidé par la munificence du Gouvernement. Les écoles vétérinaires ont été améliorées. Le Code rural touche à son terme.

La restauration des haras de l'Empire datera de l'année qui vient de s'écouler; et avec elle , la régénération des chevaux pour le service de l'agriculture, des transports et de nos armées. Le besoin d'une amélioration aussi essentielle et devenue si urgente, ne pouvait échapper à la vigilance de l'Empereur; mais presque tous les établissemens étaient languissans ou détruits, les ressources dissipées par une imprévoyance de dix années. Des hommes de l'art ont parcouru la surface de la France , l'Espagne et le nord de l'Europe; ils ont recueilli encore un nombre considérable d'étalons choisis dans les races étrangères , ou restes de nos plus belles races. Les haras et dépôts existans retrouveront, par la rétrocession de leurs biens, les ressources qui leur sont nécessaires : cinq nouveaux dépôts sont formés ; cinquante mille francs ont été distribués en primes, et ces primes ont déjà constaté quelques progrès ; elles en promettent d'autres. Des réglemens se rédigent pour garantir un sage emploi, une reproduction avantageuse.

L'industrie française a été affranchie du plus fort des tributs qu'elle payait à l'industrie étrangère : le bénéfice de la consommation intérieure est réservé à nos filatures, à nos métiers, sans que l'appui donné à la fabrication des tissus de coton puisse nuire à celle des draps et des soieries. Une école des arts et métiers a été promise à Saint-Maximin ; celle de Beaupréau se prépare. Le conservatoire des arts et métiers, confié à des hommes qui l'ont eux-mêmes enrichi de leurs découvertes, offre à l'industrie un musée classé avec ordre, rempli des productions de tous les arts, et traçant l'histoire de leurs progrès. Une exposition des produits de l'industrie, liée aux solennités qui accompagneront le retour triomphant des armées, mettra sous les yeux de la capitale le dénombrement de tous les ateliers de l'Empire, déterminera une consommation abondante de leurs ouvrages, et donnera une impulsion toute nouvelle à leurs efforts. Nos manufacturiers, certains de la protection du souverain, se rappelant que leur ruine fut le véritable but de la guerre, continueront de tromper cette cruelle espérance de l'ennemi, et se prépareront à obtenir, au retour de la paix, le triomphe que doit un jour remporter notre industrie.

Les belles-lettres et les beaux-arts se disposent à prendre l'essor qui convient à un siècle témoin de si grands événemens. Leur règne approche : il est dans la nature des choses que les grandes actions précèdent les tableaux destinés à les retracer et les plus beaux ouvrages des arts d'imitation. Celui qui fait est suivi de celui qui peint ou qui raconte. Ce sont les *faits* merveilleux qui ont par-tout donné naissance aux plus brillantes conceptions de l'imagination des hommes..... Et ne sommes-nous pas dans le siècle des merveilles !

Le feu sacré est entretenu par nos corps littéraires : dignes de leur réputation et de la réputation de ceux qui les composent, ils conservent la tradition du goût ; en épurant le langage, le rendant à sa dignité première, ils préparent le succès du génie. Le Dictionnaire de l'Académie française, refait sur un plan plus vaste et mieux ordonné, deviendra un monument du siècle de NAPOLÉON. Le Gouvernement protége cette grande entreprise ; et ce code littéraire sera, comme le code civil, un de ses bienfaits ; bienfait pour la France et pour l'Europe, dont la langue française devient de plus en plus le langage.

Nos corps scientifiques s'occupent plus que jamais de rendre utile la science qu'ils ont su rendre familière. La révolution, loin de suspendre leurs travaux, les a fait servir au bien de l'État ; et l'État a payé par de justes honneurs les services qui lui ont été rendus et les talens dont il a recueilli les fruits.

L'école polytechnique, fille de la science et créée pour la propager, a rempli sa destination ; elle vient d'acquérir un nouveau degré de perfection par le régime qui y a été introduit. Ses élèves, assujettis à une discipline presque militaire, y puisent l'habitude de l'ordre, et consacrent tout leur temps aux objets de leurs études.

Turin a vu rouvrir, à la voix de NAPOLÉON, son antique université ; réglée par des lois plus libérales, entourée de tous les établissemens qui secondent le génie de l'étude, elle promet à l'ancienne capitale du Piémont de la rendre le centre des lumières en Italie.

Gênes aussi a obtenu son université, mais accommodée aux besoins d'une cité commerçante et industrieuse : près d'elle un asyle se prépare pour les enfans des marins, et, leur offrant tous les bienfaits de l'instruction, récompensera dans les fils le dévouement des pères.

Neuf écoles de droit, en grande partie organisées, forment une pépinière de jurisconsultes éclairés pour les tribunaux et pour le barreau français.

Le prytanée de Saint-Cyr, servant tout ensemble et à acquitter la dette publique envers les services passés, et à préparer des services futurs, est lié à l'école militaire de Fontainebleau : déjà celle-ci s'honore des lauriers cueillis par ses élèves dans les champs de l'Allemagne et de la Moravie. Vingt-neuf lycées sont en pleine activité; plusieurs autres seront bientôt établis : une nouvelle distribution de pensions nationales, en multipliant et graduant ces récompenses, achève d'assurer les ressources de ces établissemens, accrues d'ailleurs par une comptabilité plus sévère. L'entretien de vingt-neuf lycées, les frais d'organisation et les dépenses générales, n'ont coûté à l'État, pour un bienfait offert à tous, doublé pour un grand nombre, que la somme de 3 millions à-peu-près. Trois cent soixante-dix écoles secondaires sont érigées aux frais des communes, et jouissent la plupart, dès leur naissance, de la plus haute prospérité. Un nombre au moins égal d'écoles secondaires établies par des particuliers, mais surveillées par l'administration publique, complète notre système actuel d'enseignement; système auquel il entre dans les pensées de l'Empereur de donner bientôt plus d'ensemble et de perfection, en fixant son but d'une manière plus déterminée, et en créant l'esprit qui doit animer tous ceux qui se livrent à ces honorables fonctions.

Mais, en s'occupant ainsi de favoriser le progrès des lumières en France, de semer par-tout le germe des vertus publiques et privées, en veillant avec une prévoyante sollicitude aux besoins de la génération future, l'EMPEREUR ne pouvait oublier d'étendre ses bienfaits au sexe qui exerce un si grand empire sur nos mœurs; il ne pouvait regarder son éducation comme étrangère aux destins de la patrie, aux intérêts de la morale, à l'attention du législateur. Trois maisons d'éducation recevront les filles de ceux qui auront bien servi l'État; un réglement général, sans rien détruire, mais tendant à perfectionner, donnera une utile direction aux établissemens qui doivent former de bonnes épouses et de bonnes mères. Déjà l'administration a secondé, protégé plusieurs d'entre eux, sans exiger, pour cet appui, d'autre retour que de servir, envers la classe peu fortunée, les vœux de la bienfaisance publique.

La banque a rendu des services essentiels, mais n'a pas répondu à tout ce qu'on avait droit d'attendre d'elle. La loi qui l'institue est incomplète; plusieurs de ses dispositions les plus importantes ont été violées: l'escompte, qui ne devait servir qu'à réaliser le crédit de la place, et qui, par la loi, ne devait avoir lieu qu'en faveur des négocians et selon leur crédit, a donné naissance à des opérations qui ont violé dans la lettre et dans l'esprit cette institution si importante au crédit et à la vie de notre commerce. Cet escompte a été souvent trop abondant pour des individus qui ne l'appliquaient qu'à des paiemens de circulation et non à des effets de commerce ou du Gouvernement, lesquels, ayant derrière eux des recettes ou des marchandises, ne sont jamais illusoires.

Cet objet est un des premiers qui aient fixé les regards de l'EMPEREUR. Il a reconnu avec plaisir la solidité et l'état satisfaisant de cet établissement, malgré ces violations, malgré ces imperfections qui doivent être corrigées par des lois dans le cours de votre session. Parmi celles que le Conseil d'état est chargé de vous présenter, vous en verrez une qui ordonne l'achèvement de l'édifice de la Madeleine, où devront être réunis tous les établissemens du commerce. Sa Majesté a pensé que c'était une juste indemnité pour les pertes que son peuple avait éprouvées par l'interruption du paiement des billets de banque à bureau ouvert.

En vous parlant de la banque, sa Majesté a voulu qu'il fût bien clairement exprimé que jamais, sous son règne, aucun papier-monnaie, aucune altération dans les monnaies, n'aurait lieu. Comment, en effet, l'un ou l'autre pourrait-il se renouveler sous son gouvernement, lorsque l'histoire de tous les siècles nous confirme que ces expériences désastreuses ne sont faites que sous des gouvernemens énervés? Les billets de la banque ne seront toujours, aux yeux de l'État, que des billets de confiance, et jamais il ne les reconnaîtra comme obligatoires.

Les ministres des finances et du trésor public ont présenté leurs comptes à l'Empereur ; vous y verrez la situation prospère de nos finances. L'ordre et la clarté qui règnent dans ces comptes, sont tels, qu'il n'y a point d'exemple qu'une aussi grande nation ait une connaissance aussi entière de toutes ses affaires ; et c'est-là un des principaux avantages des principes de notre monarchie, qui séparent entièrement le trésor du prince de celui de la nation, dont il est l'administrateur suprême, sous la responsabilité des ministres. Tout ce que la nation paie est directement employé pour soutenir ses nombreuses armées, pour améliorer son territoire, et pour subvenir à toutes les dépenses nationales.

Un changement assez notable aura lieu dans les lois du budget. Au moment où ces lois vous seront présentées, vous y verrez l'intention de l'Empereur d'établir un système permanent de finances : c'est un des plus grands bienfaits que son peuple puisse attendre de lui. Il faut un prince éclairé et fort, pour

pouvoir se décider entre les différens partis qui , dans ces derniers siècles, ont partagé les administrateurs et ceux qui se sont
occupés d'économie politique.

L'expérience a fait justice du principe d'une imposition unique
tant vantée; et, d'un autre côté, les abus du passé ont signalé tous
les inconvéniens attachés aux impositions indirectes, vexatoires
et fatigantes ; et c'est en vain que leurs partisans appellent en
témoignage l'Angleterre. Dans les propositions qui vous seront
faites sur cet objet comme sur tous les autres, vous reconnaîtrez
modération dans les taxes personnelles, exclusion de tout système absolu, &c.

Mais ici il faut le dire avec courage à la nation , sa sûreté
veut qu'une armée nombreuse soit maintenue, que des flottes
soient construites et équipées, pour protéger notre commerce ,
nos colonies et nos droits : ces circonstances exigent des finances
productives. L'Empereur estime que huit cents millions sont
nécessaires en temps de guerre , et plus de six cents millions
en temps de paix; car jamais le sort de son peuple ne doit être
à la merci de quelque complot obscur ni de quelques intrigues
de cabinet; et, dans tous les instans, il doit être prêt à faire
face à l'orage, ou à faire taire les jalouses clameurs de ses
ennemis.

La nouvelle législation propose des diminutions dans les impositions directes. Dans les temps ordinaires, la charge n'en est
que trop pesante pour les propriétaires.... Mais tout ce qui vous
sera proposé a été profondément médité, et aucun abus dont on
ait eu à se plaindre avec raison ne sera renouvelé.

Vous verrez, dans la loi sur les douanes, le soin qu'on a mis à
protéger notre commerce, nos manufactures, et à mettre, autant
qu'il dépend de nous, des bornes à la prospérité des manufactures de nos ennemis.

L'année

L'année dernière, la solde a été augmentée par la fourniture qui a été faite au soldat du pain blanc pour sa soupe, qu'il payait auparavant sur sa solde. Cette année, l'Empereur a pensé que les soldats, qui ne sont autres que nos enfans, doivent, en guerre et en paix, avoir le même genre de nourriture, et que son peuple n'approuverait aucune économie sur cet objet de dépense.

L'augmentation d'une demi-ration de viande, accordée également en temps de paix au soldat, fera aussi une augmentation notable dans la dépense, mais qui ne sera pas plus regrettée que la précédente.

Les domaines nationaux, par une combinaison ingénieuse et sage, passeront dans les mains de la caisse d'amortissement. Le Sénat, la légion d'honneur, le prytanée, par des contrats où leurs intérêts sont ménagés, ont cédé des domaines à la caisse d'amortissement, qui leur a donné en échange des rescriptions sur le grand-livre. Tout le fonds d'amortissement décrété par la loi du 30 ventôse an 9, a été, depuis l'an 12, également soldé en domaines. Les 52 millions que le trésor devait à cette caisse sont soldés de la même manière ; et par-là la dette publique a cessé d'être flottante, et a été fixée dans des mains qui la possèdent comme immeuble. On a trouvé aussi, dans ces différentes combinaisons, de quoi faire cesser le service des années 9, 10, 11, 12 et 13, et de rattacher au service courant tout ce que le trésor percevra sur ces exercices antérieurs.

Il est dans la volonté de l'Empereur, comme dans les intentions de la nation, d'accroître notre marine ; et si nous avons perdu quelques vaisseaux dans les derniers combats de mer, c'est un nouveau motif pour redoubler d'énergie. Un grand nombre de nos escadres parcourent les mers, et ont attaqué le commerce de nos ennemis jusque dans ses routes les plus éloignées. Notre flottille toute entière va bientôt être ranimée

E

par le retour à son bord, des vainqueurs d'Ulm et d'Austerlitz...
Mais tous ces moyens de guerre ne seront jamais que des moyens
de paix, d'une paix *égale*, où nous puissions trouver la garantie
que nous ne serons point soudainement attaqués et envahis sous
les prétextes les plus frivoles et les plus mensongers. Mieux
vaut supporter encore les calamités de la guuere, que de faire
une paix qui nous donnerait la certitude de nouvelles pertes,
et offrirait un nouvel aliment à la mauvaise foi et à la cupidité
de nos ennemis.

La réunion du Piémont à la France, exécutée depuis deux
ans, rendait indispensable la réunion de Gènes, qui en est le
port. Celle de la place de Gènes, occupée depuis long-temps
par les Français, défendue par eux dans la seconde coalition,
a été la suite de la volonté et de l'indépendance de cette Répu-
blique. Cette réunion n'augmentait pas notre puissance con-
tinentale; l'Angleterre seule avait le droit de s'en plaindre. Elle
n'a pas été la cause de la guerre que nous venons de terminer:
la réunion n'a eu lieu qu'au mois de juin; et dès le mois d'avril,
les intrigues de l'Angleterre avaient séduit le cabinet de Péters-
bourg. L'humiliation de la France et le démembrement de ses
provinces étaient résolus : ce n'est pas simplement le royaume
d'Italie que l'on voulait nous enlever; le Piémont, la Savoie, le
comté de Nice, Lyon même, les départemens réunis, la Hollande, la Belgique, les places de la Meuse, tel était le démembrement qui était dicté par l'Angleterre aux coalisés; et sans
doute ils ne s'y seraient point arrêtés, s'ils avaient triomphé de
la constance du peuple français.

L'Angleterre prend peu d'intérêt à l'Italie. La Belgique, voilà
le véritable motif de la haine qu'elle nous porte......

Mais la Hollande, les cent dix départemens de la France, le
royaume d'Italie, Venise, la Dalmatie, l'Istrie, Naples, sont
désormais sous la protection de l'aigle impérial; et la réunion

de ces États ne nous donne que les moyens nécessaires pour être redoutables sur nos frontières et sur nos côtes.

. La Bavière, Wurtemberg, Baden, et plusieurs des principales puissances d'Allemagne, sont nos alliés.

L'Espagne, constante dans sa marche, a montré une activité, une bravoure, une fidélité dont nous n'avons qu'à nous louer.

Dans les guerres précédentes, l'Angleterre et la Russie avaient toujours présenté à l'Empereur d'Autriche l'appât d'un agrandissement en Italie, pour le déterminer à y prendre part; mais ce souverain, maintenant mieux instruit de l'état des choses, a reconnu le danger de l'alliance de l'Angleterre, et laisse à la France seule le soin de se mêler des affaires de l'Italie. N'ayant recouvré ses États que par la modération et la générosité de l'Empereur, il sait que ce n'est que dans l'amitié de la France qu'il pourra trouver la tranquillité et le bonheur dont ses sujets ont besoin plus qu'aucun autre peuple de l'Europe.

L'Empereur de Russie, impuissant pour nous faire du mal, sentira que la véritable politique de son pays est aussi dans l'amitié de la France, tout comme sa véritable gloire est dans l'affranchissement des mers et dans le refus de reconnaître des principes qui soulèvent même les plus petits États, et qui les ont mis dans le cas de braver les bombardemens et les blocus, plutôt que de s'y soumettre.

L'Empereur offrait la paix à l'Autriche après chaque victoire. Il l'avait accordée à Naples avant la guerre; paix violée aussitôt que jurée, et qui a entraîné la ruine de cette maison.... Il offre également la paix à l'Angleterre. Il ne prétend pas faire revenir cette puissance sur les immenses changemens faits aux Indes, pas plus qu'il ne prétend faire revenir l'Autriche et la Russie sur le partage de la Pologne; mais il a le droit de se refuser à revenir sur les alliances et sur les réunions qui composent les nouveaux élémens fédératifs de l'Empire français.

La Turquie a été constamment sous l'oppression de la Russie , et l'EMPEREUR , en acquérant la Dalmatie , a eu principalement pour but de se trouver à portée de protéger le plus ancien de nos alliés, et de le mettre en état de se maintenir dans son indépendance, à laquelle la France est intéressée plus que toute autre puissance.

La première coalition , terminée par le traité de Campo-Formio , a eu pour résultat favorable à la France l'acquisition de la Belgique , la limite du Rhin , la Hollande mise sous l'influence fédérative de la France, et la conquête des États qui aujourd'hui forment le royaume d'Italie.

La deuxième coalition lui a donné le Piémont ; et la troisième met dans son système fédératif Venise et Naples.

Que l'Angleterre soit donc enfin convaincue de son impuissance! qu'elle n'essaie pas d'une quatrième coalition, quand même il serait dans l'ordre des choses possibles qu'elle pût la renouveler.

Voilà ce que le Gouvernement a fait pour la gloire et la prospérité de la France. L'EMPEREUR n'envisage que ce qui reste à faire , et il le trouve bien au-dessus de ce qu'il a fait : mais ce ne sont pas des conquêtes qu'il projette ; il a épuisé la gloire militaire ; il n'ambitionne pas ces lauriers sanglans qu'on l'a forcé de cueillir. Perfectionner l'administration , en faire pour son peuple la source d'un bonheur durable , d'une prospérité toujours croissante, et de ses actes l'exemple et la leçon d'une morale pure et élevée , mériter les bénédictions de la génération présente et celles des générations futures, dont sa pensée embrasse aussi les intérêts ; telle est la gloire qu'il ambitionne, telle est la récompense qu'il se promet d'une vie vouée toute entière aux plus nobles mais aux plus pénibles fonctions.

A PARIS, DE L'IMPRIMERIE IMPÉRIALE.

Mars 1806.